New words

All the new words you come across are listed on each double page, so you can look them up as you go along. If you forget any words, you can look them up in the Glossary on pages 46-48. *If you see an asterisk by a word, it means that there is a note about it at the bottom of the page.

Grammar

Boxes like this around words show where new grammar is explained. You will find Irish easier if you learn some of its grammar, or rules, but don't worry if you don't understand it all straight away. You can look up any of the grammar used in the book on pages 42-43.

How to say things

In Irish the way many letters are pronounced is different from English. The best way to find out how to say words is to ask an Irish-speaking friend, but it will help if you keep looking at the Pronunciation guide on page 41.

Puzzles

All the way through the book there are puzzles and quizzes to help you practise your Irish and test yourself on what you have learnt. You can check whether your answers are right on pages 44-45.

Practising your Irish

Write all the new words you learn in a notebook and try to learn a few every day. Keep going over them and you will soon remember them.

Ask a friend to keep testing you on your Irish. Even better, ask someone to learn Irish with you so that you can practise on each other.

Ba mhaith liom . . .

Try to get to an Irish-speaking area for your holidays, and speak as much Irish as you can. Don't be afraid of making mistakes. No one will mind.

T12199

Saying "Hello"

The first thing you should know how to say in Irish is "Hello". Here you can find out the different greetings for different times of the day.

If you greet someone by name in Irish, you put **a** before the name, and the name also changes its sound and spelling, e.g. "Hello Seán" is **Dia duit, a Sheáin.***

Saying "Hello"

This is how you say "Hello" to your friends.**

This shows how you answer when someone says **Dia duit.**

This is how you welcome someone.

Saying "Goodbye"

These are different ways of saying goodbye.

Slán go fóill means "Goodbye for now".

Saying "Goodnight"

You say **Oíche mhaith** at bedtime.

*In Irish, an "h" is added to show the previous letter has changed its sound. See page 41. ****Dia daoibh** means "hello" when you are talking to more than one person. The "d" of **duit** and **daoibh** in **Dia duit/daoibh** is said like the "g" in "get".

How are you?

This shows how to greet someone and ask how they are.

This person is saying that she is very well, thank you . . .

. . . but this person is saying things aren't too good.

Conas atá tú?

This list shows you the different ways of saying how you are, from very well to terrible. What do you think each of the people here would say if you asked them how they were?

ar fheabhas	very well
go maith	well
cuíosach	fairly well
go dona	not at all well
go hainnis	terrible

*Go raibh maith agat means "Thank you".

5

What is your name?

Here you can find out how to ask someone their name and tell them yours, and how to introduce your friends. Read the picture strip and see how much you can understand. Then try doing the puzzles on the page opposite.

New words

ainm (m)	name
is	is
dom	to me
agus	and
tusa	yourself
seo é/í	this is (male/female)
mo chara	my friend
duit	to you
do	to him
di	to her
dóibh	to them
sin é/í	that is (m/f)
cé hé/hí sin?	who is that? (m/f)
is í	she/it is
is é	he/it is
an tú?	are you?
ní mé	I am not
cad?	what?
cad is ainm duit?	what is your name? (s)
cad is ainm daoibh?	what is your name? (pl*)
cad is ainm dóibh?	what are their names?

Saying your name

In Irish you say "Seán is name to me": **Seán is ainm dom. Do** (to) joins with **mé** (I/me) to become **dom**.

Do+tú (you) becomes		**duit**
Do+sé (he)	. . .	**dó**
Do+sí (she)	. . .	**di**
Do+sinn (we)	. . .	**dúinn**
Do+sibh (you; pl*)	. . .	**daoibh**
Do+siad (they)	. . .	**dóibh**

Introducing friends

*There are two words for "you" depending on whether you are talking to one person (singular or "s") or more than one (plural or "pl").

What are they called?

Can you answer these questions in Irish?

Cad is ainm duit?

Cad is ainm dó?

Cad is ainm dóibh?

Cad is ainm duit?

Who is who? Look at the box below, then try and answer the questions beneath the picture.

Dia duit, conas atá tú?

Go maith, go raibh maith agat.

Slán leat, a Mhichíl.

An í sin Áine?

Is í.

Slán go fóill.

Cé hé sin?

Is é sin Seán.

Ní mé. Dónall is ainm dom.

An tú Pádraig?

Cad is ainm duit?

Síle. Agus tusa?

Who is talking to Seán?
Who is talking to Síle?

Who is called Dónall?
Who is talking to him?

Who is called Áine?
Who is going home?

Points to remember

In Irish, to ask "Who is that?", "Is that Seán?" and to answer "That is . . ." or "Yes, it is", you use "he" and "she" depending on whether you are talking about a male or female. So for a boy you ask **An é sin Seán** (Is that Seán)? and you answer **Is é** (It is). For a girl, you say **An í sin Máire** (Is that Máire)? and **Is í** (It is).*

*Notice how Irish does not use "Yes" or "No" in answers to questions. Instead you answer with the verb, e.g. Is that Máire? It is.   7

Finding out what things are called

Everything on this picture has its name on it. See if you can learn the names for everything, then try the memory test at the bottom of the opposite page.

an simléar

an díon

an ghrian

an t-éan

Dia daoibh!

an nead

an crann

an fhuinneog

an bláth

an teach

an doras

an garáiste

Seo é mo theach.

an ráille

an cat

an madra

an carr

Irish nouns (naming words)

Irish nouns are either masculine or feminine. In this book, "(m)" or "(f)" after a noun shows you what gender it is. There is no word for "a" or "an" in Irish. You just say the noun on its own, e.g. **bláth** (a flower). The word for "the" is **an**. When a noun is used with **an**, its beginning can change in different ways, showing the noun's gender.* There are three examples in the list below, and you can find out more about this on page 42.

an ghrian (f)	the sun	**an nead (m)**	the nest	**an fhuinneog (f)**	the window
an crann (m)	the tree	**an t-éan (m)**	the bird	**an doras (m)**	the door
an díon (m)	the roof	**an garáiste (m)**	the garage	**an bláth (m)**	the flower
an cat (m)	the cat	**an carr (m)**	the car	**an teach (m)**	the house
an madra (m)	the dog	**an simléar (m)**	the chimney	**an ráille (m)**	the fence

8 *Some nouns don't change; (m) nouns such as **éan** add a "t": **an t-éan**; (f) nouns such as **fuinneog** and **grian** add an "h" after the first letter ("h" shows the sound is "aspirated", see page 41); (f) nouns beginning with "s" add a "t", e.g. **seilf** (shelf) becomes

Asking what things are called

Don't worry if you don't know what something is called in Irish. To find out what it is just ask someone **Cad é . . .?** Look at the list of useful phrases below, then read the picture strip to see how to use them.

cad é seo?	what is this?
cad é sin?	what is that?
is . . . é seo/sin	this/that is . . .
comh maith	also
i**	in
i mBéarla	in English
i nGaeilge	in Irish

Can you remember?

Cover up the opposite page and see if you can name all of these things in Irish.

an tseilf. It is difficult to learn all this at once, but bear it in mind when looking for words in the Glossary: **an t-éan** will be under "e" for **éan**. **The word **i** (in) often adds a letter to the beginning of a word. See page 41.

Where do you come from?

Here you can find out how to ask people where they come from. You can also find out how to ask if they speak Irish.

New words

cad as duit?	where are you from?
mise	I, myself
tagaim ó	I come from
ca bhfuil tú i do chónaí?	where do you live?
táim i mo chónaí	I live
an labhraíonn tú?	do you speak?
labhraím	I speak
beagán (m)	a little
Gaeilge (f)	Irish
Béarla (m)	English
Gearmáinis (f)	German
Baile Átha Cliath	Dublin
tá sí ina cónaí	she lives
tagann ó/ón	comes from/ from the
as Éirinn	from Ireland
labhríonn Heinz	Heinz speaks

Countries

Éire (f)	Ireland
an Ghearmáin (f)	Germany
Sasana (f)	England
an Fhrainc (f)	France
an India (f)	India
Albain (f)	Scotland
an Ostair (f)	Austria
an Spáinn (f)	Spain
an Ungáir (f)	Hungary

Where do you come from?

Cad as duit?

As Éirinn* mise.

Cá bhfuil tú i do chónaí?

I mBaile Átha Cliath.

Cad as duit?

As an nGearmáin mise.

Tagann mo chara ón bhFrainc. Ta sí ina cónai i bParis.

Do you speak Irish?

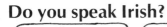

An labhraíonn tú Gaeilge?

Labhraím beagán.

An labhraíonn tú Gaeilge, Lola?

Labhraím. Labhraím Gaeilge agus beagán Béarla.

Labhraíonn Heinz Gearmáinis, Béarla agus Gaeilge.

*Éire is the Irish word for Ireland but you say as Éirinn, "from Ireland".

Who comes from where?

These are the contestants for an international dancing competition. They have come from all over the world. The compère does not speak any Irish and does not understand where anyone comes from. Read about the contestants, then see if you can tell him what he wants to know. His questions are beneath the picture.

Tagann Aongus ó Albain.

Seo í Marie agus Pierre. Tagann siad ón bhFrainc.

Tagann Hari agus Indira ón India.

Tagann Yuri ón Ungáir. Ta sé ina chónaí i mBudapest.

Tagann Franz ón Ostair.

Seo í Lolita. Tagann sí ón Spáinn.

Where do they all come from?

Where does Franz come from?
What are the Indian contestants called?
Is Lolita Italian or Spanish?

Is there a Scottish contestant?
Where do Marie and Pierre come from?
Who lives in Budapest? Where is Budapest?

Verbs (action words)	bí*	be	tar	come
In Irish the words for "I", "you", etc. (listed on page 6) come after the verb. Notice how **mé** (I) and **sinn** (we) change and join with the end of the verb.	**táim**	I am	**tagaim**	I come
	tá tú	you are	**tagann tú**	you come
	tá sé/sí	he/she is	**tagann sé/sí**	he/she comes
	táimid	we are	**tagaimid**	we come
	tá sibh	you are (pl)	**tagann sibh**	you come (pl)
	tá siad	they are	**tagann siad**	they come

 Points to remember

To ask a question in Irish, you place **an** before the verb, e.g. **An labhraíonn tú Gaeilge?** Do you speak Irish? As there is no word for "yes" or "no", you have to repeat the verb in the answer. To answer "Yes", meaning you do speak Irish, you say **Labhraím** (I speak).

*This is the stem or basic form of the verb and it is used to give an order or command. You can find out more about verbs on pages 42-43.

More about you

Here you can find out how to count up to 19, say how old you are and say how many brothers and sisters you have.

To say how old you are in Irish, you say how many years you are. So if you are ten, you say **Táim deich mbliana** (I am ten years).*

New words

cén aois thú?	how old are you?
cén aois iad?	how old are they?
bliain (f)	year
bliana	years
táim dhá bhliain déag	I am twelve
an bhfuil ... agat?	have you (got) ...?
tá ... agam	I have (got)
níl ... agam	I have not (got)
mo	my
deartháir (m)	brother
deartháireacha	brothers
deirfiúr (f)	sister
deirfiúracha	sisters
beagnach	almost
ná	nor
ach	but

Numbers

1	aon	6	sé
2	dhá	7	seacht
3	trí	8	ocht
4	ceithre	9	naoi
5	cúig	10	deich

For numbers 11 to 19, you add **déag**, e.g. **aon déag** (11); **dhá bhliain déag** (12 years).*

Counting people

Irish has special numbers for counting people.

1	duine	6	seisear
2	beirt*	7	seachtar
3	triúr	8	ochtar
4	ceathrar	9	naonúr
5	cúigear	10	deichniúr

How old are you?

Cén aois thú?

Táim dhá bhliain déag. Agus tusa?

Táim aon bhliain déag.

Have you any brothers and sisters?

An bhfuil dearthaireacha agus deirfiúracha agat?

Tá dearthair agus deirfiúr agam.

Cén aois iad?

Tá mo dhearthair deich mbliana agus tá mo dheirfiúr naoi mbliana.

Níl dearthaireacha ná deirfiúracha agam.

*Notice how numbers can change the beginnings of words they are used with, e.g. **bliain** (year) becomes **aon bhliain** (one year), **bliana** (years) becomes **deich mbliana**, and **deirfiúracha** (sisters) becomes **beirt dheirfiúracha**.

How old are they?

Read what these children are saying, then see if you can say how old they all are.

> *Tá Tomás dhá bhliain déag.*

> *Táimid cúig bliana déag.*

> *Tá Rosa aon bhliain déag.*

> *Tá Micheál ceithre bliana déag, beagnach.*

> *Táim cúig bliana agus tá Seán naoi mbliana.*

Micheál   *Diana agus Silvia*   *Tomás*   *Rosa*   *Seán*   *Úna*

How many brothers and sisters?

Below you can read how many brothers and sisters the children have. Can you work out who has which brothers and sisters?

Tá deartháir agus beirt dheirfiúracha ag Diana agus Silvia.***

Tá triúr deirfiúracha agus beirt dhearthaireacha ag Rosa.

Tá cúigear deirfiúracha ag Micheál ach níl aon dearthair aige.

Tá deartháir ag Seán ach níl aon deirfiúr aige.

Níl dearthaireacha na deirfiúracha ag Tomás, ach tá madra aige.

Useful verbs

Bí (to be) has a special form for asking questions.

To say "I have" in Irish, you say "it is at me".**

question form of **bí**	am I? are you?
an bhfuilim?*	am I?
an bhfuil tú?	are you?
an bhfuil sé/sí	is he/she?
an bhfuilimid?	are we?
an bhfuil sibh?	are you (pl)?
an bhfuil siad?	are they?

	to have
tá . . . agam	I have
tá . . . agat	you have
tá . . . aige	he has
tá . . . aici	she has
tá . . . againn	we have
tá . . . agaibh	you have (pl)
tá . . . acu	they have

*In questions, the "n" of **an** is silent before a consonant, e.g. **an bhfuil tú**? sounds like "a will too". ** E.g. **Tá deirfiúr agam** (I have a sister). **Ag** (at) joins with **mé,** etc. to form **agam,** etc. ***"Has" or "have" is **tá...ag** when you use names instead of "he", "she" or "they".

Talking about your family

On these two pages you will learn lots of words which will help you to talk about your family. You will also find out how to say "my" and "your" and describe people.

Seo é mo theaghlach.

mo dhaideo

m'athair*

m'uncail

mo chat

mo dheirfiúr

mo mhadra

mo mhamó

mo mháthair

mo dheartháir

m'aintín

Who's who?

An é seo do dheartháir?

Is é. Is é seo mo dheartháir.

An í seo do dheirfiúr?

Is í. Natalia is ainm di.

An iad seo do thuis-mitheoirí?

Ní hiad. Seo iad mo mhamó agus mo dhaideo.

New words

teaglach (m)	family	**aintín (f)**	aunt	**tanaí**	thin
daideo (m)	grandfather	**cara (m)**	friend	**sean**	old
mamó (f)	grandmother	**tuismitheoirí**	parents	**óg**	young
athair (m)	father	**ard**	tall	**fionn**	blond
máthair (f)	mother	**íseal**	short	**dubh**	dark-haired
uncail (m)	uncle	**ramhar**	fat	**cairdiúil**	friendly

How to say "my" and "your"

The word for "my" is **mo**, e.g. **mo mháthair** (my mother). The word for "your" is **do**, e.g. **do theaglach** (your family). Notice how **mo** and **do** change the beginning of the next word: **máthair** but **mo mháthair**. This change is called an aspiration and you can read about it on page 41.**

*Before a vowel, **mo** shortens to **m'** and **do** to **d'**, e.g. **m'athair** (my father) and **d'athair** (your father). **On page 8 you can see how **an** (the) can cause an aspiration, and on page 12 there are numbers which do the same.

Describing your family

Tá m'athair ard agus tá mo mháthair íseal.

Tá mo mháthair ard agus tá m'athair íseal.

Tá m'uncail ramhar ach tá m'aintín tanaí.

Tá mo mhamó sean. Táim óg.

Tá mo dheirfiúr fionn agus tá mo dheartháir dubh.

Tá mo mhadra cairdiúil.

Describing words

Irish adjectives come after the word they are describing, e.g. **madra cairdiúil,** a friendly dog. Irish has two words for "is": **is** for saying what something is (**is madra é sin**, that is a dog), but **tá** to describe something: **tá mo mhadra cairdiúil**, my dog is friendly.

Can you describe each of these people in Irish, starting **Tá sé** (he is) or **tá sí** (she is) . . .?

Your home

Here you can find out how to say what sort of home you live in and where it is. You can also learn what all the rooms are called.

New words

an bhfuil tú i do chónaí?	do you live?
nó	or
teach (m)	house
árasán (m)	flat
caisleán (m)	castle
sa chathair (f)	in the city
faoin tuath (f)	in the country
cois na farraige (f)	by the sea
cé atá?	who is?
Daid (m)	Dad
Mam (f)	Mum
Daideo (m)	Grandad
Mamó (f)	Granny
taibhse (f)	ghost
cá bhfuil tú?	where are you?
seomra folctha (m)	bathroom
cá bhfuil sibh?	where are you? (pl)
seomra bia (m)	dining room
seomra leapa (m)	bedroom
seomra suite (m)	living room
cistin (f)	kitchen
halla (m)	hall
thuas staighre	upstairs

Where do you live?

Town or country?

*Word for word, **táim i mo chónaí i** (I live in) . . . means "I am in my dwelling in . . ."

Where is everyone?

Dad comes home and wants to know where everyone is. Look at the pictures and see if you can tell him where everyone is, e.g. **Tá** **Mamó sa seomra suite**. Then see if you can answer the questions below the little pictures.

Mam Daid Daideo

Mamó Pól Síle

Seán taibhse

Cé atá sa seomra suite?
Cé atá sa chistin?
Cé atá sa seomra folctha?
Cé atá sa seomra leapa?

Cá bhfuil Mamó?
Cá bhfuil an taibhse?
Cá bhfuil an madra?
Cá bhfuil Pól?
Cá bhfuil Daid?

Points to remember

The word **sa** means "in the", and it often changes or "aspirates" the first letter of the next word, e.g. **caisleán** (castle), but **sa chaisleán** (in the castle); **cistin** (kitchen) but **sa** **chistin** (in the kitchen). However it does not aspirate the "s" in **seomra** (room), so you just say **sa seomra** (in the room).*

*You can find out more about aspiration on page 41.

Looking for things

Here you can find how to ask someone what they are looking for, say where things are and learn lots of words for things around the house.

New words

ag lorg	looking for
rud éigin (m)	something
hamstar (m)	hamster
ní féidir liom	I can't
a fháil	to find
níl sé/sí	he/she/it is not*
ar	on
faoi/faoin	under/under the
taobh thiar (den)	behind (the)
os comhair	in front of
idir	between
taobh leis	next to
cófra (m)	cupboard
vardrús (m)	wardrobe
cathaoir uilleach (f)	armchair
cuirtín (m)	curtain
plandaí	plants
seilf (f)	shelf
bord (m)	table
brat urláir (m)	carpet
tolg (m)	sofa
teilifís (f)	television
bláthchuach (m)	vase
seo é/í	here it is! (m/f)
i measc	among

How to say "it"

There is no special word for "it" in Irish. When you are talking about animals, you say **sé** or **sí** ("he" or "she") depending on whether you are talking about a male or a female. When you are talking about things, you usually use **sé** (he).

É or **í** ("him or "her") are used in the same way. To say "it is not", you use **níl sé** or **níl sí**.*

The missing hamster

An bhfuil tú ag lorg rud éigin?

Táim ag lorg mo hamstair.** Ní féidir liom é a fháil.

Níl sé ar an vardrús.

Níl sé faoin tolg.

An bhfuil sé taobh thiar den chuirtín?

Níl.

Seo é! I measc na bplandaí.

---

*The negative form of "to be" (I am not, you are not, etc.) is shown on page 43. **Hamstar changes to hamstair because it comes after ag lorg (looking for). See bottom of page 21. ***Na is the plural of an (the).

In, on or under?

Try to learn these words by heart.

| sa | taobh thiar | os comhair | taobh leis | faoi(n) | ar |

Where are they hiding?

Seán's six pets are hiding somewhere in the room, but he cannot find them. Can you tell him where they are in Irish, using the words above?

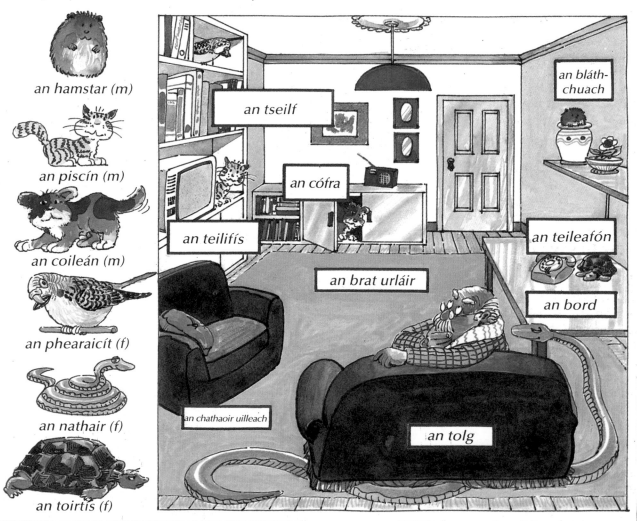

an hamstar (m)

an piscín (m)

an coileán (m)

an phearaicít (f)

an nathair (f)

an toirtís (f)

an tseilf

an bláth-chuach

an cófra

an teilifís

an teileafón

an brat urláir

an bord

an chathaoir uilleach

an tolg

19

What do you like eating?

Here you can find out how to say what you like and don't like.

New words

maith	good
an maith leat?	do you like?
is maith liom	I like
ní maith liom	I don't like
cad?	what . . . ?
is breá liom	I love
in aon chor	. . . at all
mar sin	therefore
go mór	very much
cén bia?	what food?
is fearr liom	I prefer
thar aon rud eile	best of all
sailéad (m)	salad
iasc (m)	fish
sceallóga	chips
rud ar bith (m)	anything
cácaí	cakes
ispíní	sausages
stéig (f)	steak
spaigití (m)	spaghetti
cad atá á ithe agat?	what are you eating?
ithe	eating
pióg (f)	pizza
hamburgar (m)	hamburger
rís (f)	rice
arán (m)	bread
cáis (f)	cheese

What do you like?

An maith leat sailéad?

Ní maith liom sailéad.

An maith leat iasc?

Ní maith liom in aon chor!

An maith leat rud ar bith?

Is maith liom sceallóga.

Agus is breá liom cácaí.

What do you like best?

Cén bia is fearr leat?

Is maith liom ispíní go mór . . .

. . . ach is fearr liom stéig.

Is fearr liom spaigití thar aon rud eile.

What are they eating?

- Cad atá á ithe agat?
- Táim ag ithe pióige.
- Tá sí ag ithe sceallóg.
- Tá sé ag ithe aráin agus cáise.
- Táimid ag ithe hamburgar.
- Tá sibh ag ithe ríse.
- Tá siad ag ithe bananaí.

Who likes what?

Who likes bread? Who doesn't like ham? Who prefers grapes to bananas?

Can you say in Irish which things you like and which you don't like?

- Is maith liom cáis ach ní maith liom liamhás. — Seán
- Is maith liom bananaí. — Peadar
- Is fearr liom fíonchaora.
- Is maith liom toirtín torthaí thar aon rud eile. — Síle
- Is maith liom arán. — Séamus
- Daideo

liamhás · im · toirtín · arán · sailéad · trátaí · cáis · bananaí · fíonchaora · toirtín torthaí · oráiste

Saying "I am eating"

In Irish, you say "I am at eating": **táim ag ithe.** This form of the verb can change the noun that follows. You say **arán** (bread), but **ag ithe aráin; cáis** (cheese), but **ag ithe cáise.***

Saying "I like"

In Irish, you say "it is good with me": **is maith liom.** Le (with) joins with **mé, tú, sé, sí, sinn, sibh, siad** to become **liom, leat, leis, léi, linn, libh, leo.**

*This is why **hamstar** changes in **táim ag lorg mo hamstair** (I am "at looking" for my hamster) on page 18.

Table talk

Here you can learn all sorts of useful things to say if you are having a meal with Irish-speaking friends.

New words

suígí* chun boird, le bhur dtoil	sit at the table, please
tá ocras orm	I'm hungry
ormsa chomh maith	me too
tarraing ort	help yourself
go raibh maith agat	thank you
bain taitneamh as do bhéile	enjoy your meal
tusa	yourself
chomh maith	as well, also
uisce (m)	water
arán (m)	bread
gloine (m)	glass
ar mhaith leat?	would you like?
tuilleadh (m)	some more
feoil (f)	meat
le do thoil**	please
níor mhaith liom	I would not like
tá go leor agam	I've had enough
an bhfuil sé go maith?	is it good?
tá sé go hálainn	it's delicious

Dinner is ready

> Suígí chun boird, le bhur dtoil.**

> Tá ocras orm.

> Ormsa chomh maith.

> Tarraing ort.

> Go raibh maith agat.

> Bain taitneamh as do bhéile.

> Tusa, chomh maith.

Please will you pass me . . .

> Tabhair dom an t-uisce le do thoil.

> Tabhair dom an t-arán le do thoil.

> Tabhair dom gloine le do thoil.

22   *Suígí is the plural form of suigh (sit). **When you are saying "please" to more than one person, you say le bhur dtoil.

Would you like some more?

Ar mhaith leat tuilleadh feola?

Ba mhaith liom,* go raibh maith agat.

Ar mhaith leat tuilleadh sceallóg?

Níor mhaith liom go raibh maith agat. Tá go leor agam.

An bhfuil sé ceart go leor?

Tá sé go hálainn.

Who is saying what?

These little pictures show you different things that can happen at mealtime. Cover up the rest of the page and see if you can say what everyone is saying in Irish.

Seán is saying he is hungry.

The chef says: "Enjoy your meal."

Síle is saying: "Help yourself."

Pól wants someone to pass him a glass.

Mum is offering Seán more chips.

He says: "Yes please, I like chips."

Then he says: "No thanks, I've had enough."

Micheál is saying the food is delicious.

Ar

Ar means "on" and it joins with **mé, tú** etc. to form **orm, ort** etc. In Irish, to say "I am hungry", you say "hunger is on me": **tá ocras orm. Ormsa** means the same as **orm**, but the extra ending is a way of drawing attention. (There is another word **ar** which is used for making questions, e.g. **ar mhaith leat**, would you like . . . ?)

*You say **is maith liom** for "I like", and **ba mhaith liom** means "I would like".

23

Your hobbies

These people are talking about their hobbies.

New words

caitheamh aimsire (m)	hobby
cén?	what?
bheith	being
ag péintéireacht	painting
ag cócaireacht	cooking
ag déanamh rudaí	making things
ag rince	dancing
ag léamh	reading
cad a dhéanann tú?	what do you do?
istoíche	at night
ag féachaint	watching
spórt (m)	sport
ag snámh	swimming
ag imirt peile/ leadóige	playing football/ tennis
ag éisteacht le ceol	listening to music
an seinneann sibh?	do you play?
seinnim	I play (music)
seinneann mise	I myself play
ceol (m)	music

Talking about what you do

There is a special form of **bí** (be) which you use to talk about something you do regularly.*
Where in English you say "I read", in Irish you say "I am (at)** reading" and you use the special form for "I am":

bím	I am (usually)
bíonn tú	you are (usually)
bíonn sé/sí	he/she is (usually)
bímid	we are (usually)
bíonn sibh	you are (pl) (usually)
bíonn siad	they are (usually)

> Cén caitheamh aimsire atá agat?

> Is maith liom bheith ag péintéireacht

> ach ní maith liom bheith ag cócaireacht.

> An bhfuil caitheamh aimsire agat?

> Tá. Is maith liom bheith ag déanamh rudaí

> agus is maith liom bheith ag rince.

What do you do in the evenings?

> Cad a dhéanann tú istoíche?

> Bím ag léamh

> nó bím ag féachaint ar an teilirís.

*See page 11 for the "normal" form of the verb **bí** (be) which you use for saying things like "I am tall". **See page 21 for this use of **ag** (at).

The sporty type

An bhfuil caitheamh aimsire agat?

Tá. Is maith liom spórt.

Bím ag snámh.

Bím ag imirt peile.

Agus bím ag imirt leadóige.

Music lovers

An bhfuil caitheamh aimsire agaibh?

Tá. Is maith linn* bheith ag éisteacht le ceol.

An seinneann sibh ceol?

Agus seinneann mise an pianó.

Seinnim an veidhlín.

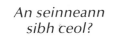

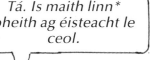

What do they do at the week-end?

A

B

C

E

D

See if you can say in Irish what all these people do in their spare time, e.g. **bíonn sé ag cócaireacht.** Can you say in Irish what your hobbies are?

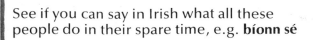

*Is maith linn means "we like". This is explained on page 21.

Telling the time

Here you can find out how to tell the time in Irish. You can look up any numbers you don't know on page 40.*

Saying what time it is in Irish is not difficult for an English speaker. You say **tá sé,** "it is", then put the word **a** in front of the number, e.g. **a haon,** "one". Like in English, you can add **a chlog,** "o'clock".

What is the time?

Cén t-am é?

Tá sé a haon.

Cén t-am é?

Tá sé a seacht a chlog.

Here is how to ask what the time is.

New words

cén t-am é?	what time is it?
tá sé a haon a chlog	it is one o'clock
tá sé a dó a chlog*	it is two o'clock
cúig chun	five to
ceathrú tar éis	quarter past
ceathrú chun	quarter to
leathuair tar éis	half past
meán lae (m)	midday
meán oíche (m)	midnight
ar maidin	in the morning
um thráthnóna	in the evening/ afternoon
éiríonn Seán a**	Seán gets up his
bricfeasta (m)	breakfast
lón (m)	lunch
suipéar (m)	supper
téann sé	he goes
ar scoil (f)	to school
go dti an leaba	to bed
itheann sé	he eats
imríonn sé peil	he plays football
féachann sé	he watches
téigh	**(go)**
téim	I go
téann tú	you go (s)
téann sé/sí	he/she/it goes
téimid	we go
téann sibh	you go (pl)
téann siad	they go

The time is . . .

Tá sé a cúig tar éis a naoi.

Tá sé a ceathrú tar éis a naoi.

Tá sé a leathuair tar éis a naoi.

Tá sé a ceathrú chun a deich.

Tá sé a cúig chun a deich.

Tá sé ina mheán oíche/mheán lae.

What time of day?

Tá sé a seacht ar maidin.

Tá sé a seacht um thráthnóna.

26   *For telling the time, **dó** and **ceathair** replace **dhá** and **ceithre** as 2 and 3. ****A** (his) changes the beginning of the following word, e.g. **bricfeasta**, but **a bhricfeasta**. See page 41 for the sound of "bh".

Seán's day

Read what Seán does throughout the day, then see if you can match each clock with the right picture. You can find out what the answers are on pages 44-45.

a   b   c   d   e   f   g   h

1 Éiríonn Seán ag leathuair tar éis a seacht.

2 Itheann sé a bhricfeasta ag a hocht.

3 Ag a ceathrú chun a naoi téann sé ar scoil.

4 Itheann sé lón ag leathuair tar éis a dó dhéag.*

5 Ag deich tar éis a dó imríonn sé peil.

6 Ag ceathrú tar éis a cúig féachann sé ar an teilifís.

7 Itheann sé a shuipéar ag a sé.

8 Téann sé go dtí an leaba ag leathuair tar éis a hocht.

What time is it?

Can you say in Irish what times these clocks show?

*To say "half past twelve" you say **leathuair tar éis a dó dhéag**.

Arranging things

Here is how to arrange things with your friends.

New words

an bhfuilimid ag dul?	are we going?
cathain?	when?
Dé Máirt	on Tuesday
ar maidin	in the morning
cathain a théann tú?	when do you go?
linn snámha	swimming pool
timpeall	at about
inniu	today
ag teacht	coming
anocht	this evening
tá go maith	O.K.
ni féidir liom	I can't
amárach	tomorrow
is trua sin	it's a pity
dul go (dti)*	to go to
pictiúrlann (f)	cinema
cóisir (f)	party
cad a dhéanann tú?	what do you do?

Days of the week

Dé Domhnaigh	Sunday
Dé Luain	Monday
Dé Máirt	Tuesday
Dé Céadaoin	Wednesday
Déardaoin	Thursday
Dé hAoine	Friday
Dé Sathairn	Saturday

Tennis

Swimming

Going to the cinema

28 *You say **go dti** when a specific place is mentioned.

Going to a party

Your diary for the week

Here is your diary, showing you what you are doing for a week. Read it, then see if you can answer the questions at the bottom of the page in Irish.

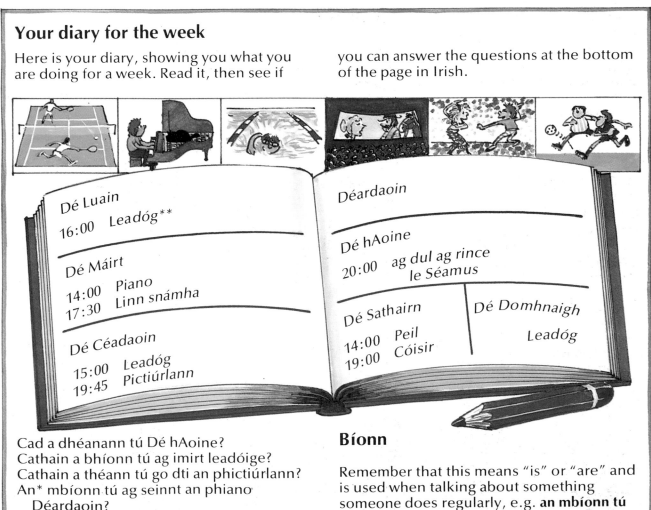

Dé Luain
16:00   Leadóg**

Dé Máirt
14:00   Piano
17:30   Linn snámha

Dé Céadaoin
15:00   Leadóg
19:45   Pictiúrlann

Déardaoin

Dé hAoine
20:00   ag dul ag rince
le Séamus

Dé Sathairn
14:00   Peil
19:00   Cóisir

Dé Domhnaigh
Leadóg

Cad a dhéanann tú Dé hAoine?
Cathain a bhíonn tú ag imirt leadóige?
Cathain a théann tú go dti an phictiúrlann?
An* mbíonn tú ag seinnt an phiano Déardaoin?
Cad a dhéanann tú Dé Domhnaigh?
Cad a dhéanann tú Dé Sathairn?

Bíonn

Remember that this means "is" or "are" and is used when talking about something someone does regularly, e.g. **an mbíonn tú ag imirt peile** (do you play football)? **Bím** (I do). See page 24.

*The word **an**, when used to ask a question, can change the beginning of the following verb, e.g. **an mbíonn tú?** You can find out more about changes at the beginnings of words on pages 42-43. **Leadóg** means "tennis".

Asking where places are

Here and on the next two pages you can find out how to ask your way around.

In Irish, when you address someone you don't know, it is polite to add **a dhuine uasail** (Sir), **a bhean uasal** (Madam) or **a chailín** (Miss).

New words

gabh mo leithscéal	excuse me
ná habair é	don't mention it
anseo/ansin	here/there
oifig an phoist	post office
thall ansin	over there
i gcearnóg an mhargaidh	in the market square
óstán (m)	hotel
ansin	then
cas	turn
an bhfuil ..?	is there ..?
caife (m)	café
in aice le*	near
sráid (f)	street
díreach	straight
an bhfuil sé i bhfad?	is it far?
cúig nóiméad	five minutes
cá bhfuil ..?	where is ..?
ag siúl	on foot
ollmhargadh (m)	supermarket
os comhair	opposite
taobh leis	next to
banc (m)	bank
cógaslann (f)	chemist's

Being polite

Gabh mo leithscéal, a dhuine uasail.

Go raibh maith agat.

Ná habair é.

This is how to say "Excuse me". It is polite to add "Sir".

When people thank you, it is polite to answer **Ná habair é**.

Where is . . .?

Gabh mo leithscéal, a bhean uasal, cá bhfuil oifig an phoist?

Thall ansin i gcearnóg an mhargaidh.

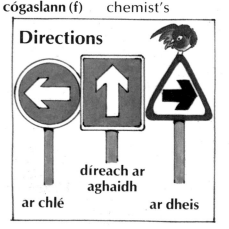

Cá bhfuil Óstán an Stáisiúin?

Cas ar chlé, ansin díreach ar aghaidh.

Directions

ar chlé

díreach ar aghaidh

ar dheis

30   *In aice liom** means "near me". **In aice linn** means "near us".

Is there a . . . nearby?

Is it far?

Other useful places to ask for

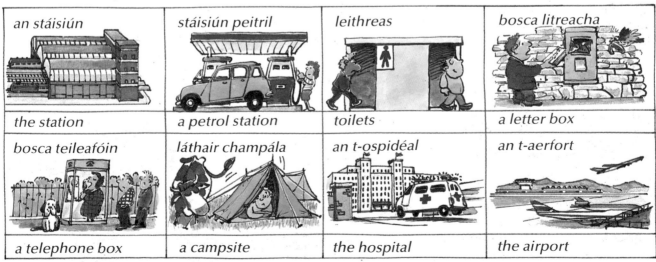

an stáisiún	stáisiún peitril	leithreas	bosca litreacha
the station	a petrol station	toilets	a letter box
bosca teileafóin	láthair champála	an t-ospidéal	an t-aerfort
a telephone box	a campsite	the hospital	the airport

*The word ó (from) joins with sinn (we) to form uainn (from us). **Word for word, níl sé ach means "it is not but".

Finding your way around

Here you can find out how to ask your way around and follow directions. When you have read everything, try the map puzzle on the opposite page.

Gabh mo leithscéal, a dhuine uasail. Conas is féidir* liom dul go dti an stáisiún, le do thoil?

Tóg an chéad chasadh ar dheis agus an dara casadh ar chlé.

Tá an stáisiún ar dheis.

Conas is féidir liom dul go dtí an Brú?

Lean díreach ar aghaidh chomh fada leis an stáisiún . . .

ansin tóg an tríú casadh ar dheis.

Conas is féidir liom dul go dtí an oifig fáilte?

I gcarr? Lean díreach ar aghaidh . . .

ansin tóg an chead chasadh ar chlé.

*In Irish, you don't say "I can" but "it is possible with me": **is féidir liom.**

New words

conas is féidir liom dul go dti ..?	how do I get to ..?	chomh fada leis	as far as
tóg	take	i gcarr	by car
lean ar aghaidh	carry on	an chéad chasadh	the first turning
Brú (m)	youth hostel	an dara casadh	the second turning
oifig fáilte (f)	tourist office	an tríú casadh	the third turning

Orders and commands

To tell you the way, people use the command form of the verb: **tóg** (take) and **lean** (carry on), e.g. **tóg an chead chasadh** (take the first turning). In Irish, this is also the verb's basic form or stem.

Plural "the"

The word for "the", **an**, becomes **na** in the plural (when you are talking about more than one thing or person): **an siopa** (the shop), but **na siopaí** (the shops).*

Finding your way around Baile na Gréine

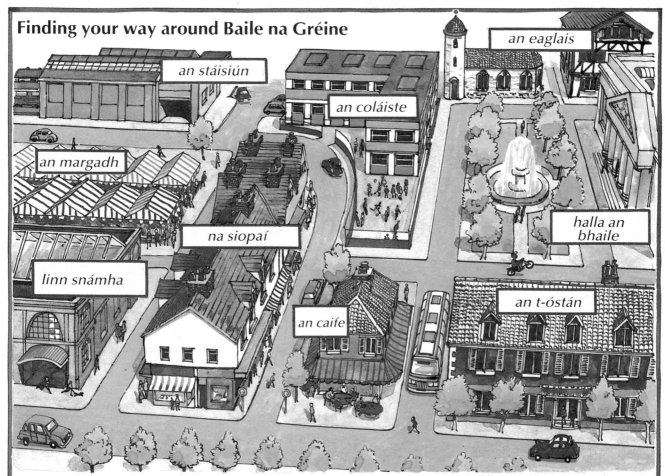

an stáisiún

an eaglais

an coláiste

an margadh

na siopaí

halla an bhaile

linn snámha

an t-óstán

an caife

How would you ask someone the way to the market place? How would you ask them if there is a café nearby? Ask how far it is.

Can you tell the person in the yellow car how to get to the church?
Can you direct someone from the hotel to the market?

Where would these directions take the yellow car?
Tóg an dara casadh ar chlé agus tá sé ar dheis.

*You can find out about plural nouns on page 42.

Going shopping

Here and on the next two pages you can find out how to say what you want when you go shopping. You can look up any numbers you need on page 40.

Irish money

The Irish pound or **punt** is made up of one hundred pennies or **pinginí**. The **punt** does not have the same value as the English pound.

Saying what you want

To say "I want" in Irish, you say "it is from me". The word for "from" is **ó** and it joins with **mé**, **tú** (me, you etc.**) to form **uaim**, **uait** . . . e.g. **Cad atá uait** (What do you want)? **Tá arán uaim** (I want bread).

New words

siopa (m)	shop
ag siopadóireacht	shopping
ceannaíonn sí	she buys
siopa báicéara (m)	baker's
siopa grósaera (m)	grocer's
siopa búistéara (m)	butcher's
bainne (m)	milk
uibheacha	eggs
torthaí	fruit
glasraí	vegetables
feoil	meat
rollóg aráin	bread roll
úll (m)	apple
trátaí	tomatoes
an féidir liom cabhrú leat?	can I help you?
ba mhaith liom	I would like
cinnte	certainly
aon rud eile?	anything else?
cé mhéad é sin?	how much is that?
seo duit	here it is
líotar (m)	a litre
cilea (m)	a kilo
leathchilea (m)	half a kilo

Bean Uí Cheallaigh* goes shopping

Téann Bean Uí Cheallaigh ag siopadóireacht.

Téann sí go dti siopa báicéara.

Sa siopa báicéara

Dia duit.

Dia is Muire duit.

Tá ceithre rollóg aráin uaim.

Cinnte! An bhfuil aon rud eile uait?

Níl, go raibh maith agat. Cé mhéad é sin?

Ochtó pingin le do thoil.

Go raibh maith agat.

*Bean Uí Cheallaigh means "Mrs Kelly". ** Ó also joins with sé, sí, sinn, sibh, siad to form uaidh, uaithi, uainn, uaibh, uathu.
***Unlike others "d"s, the "d" in seo duit is said like the "g" in "get".

Ceannaíonn sí bainne agus uibheacha sa siopa grósaera.

Ceannaíonn sí torthaí agus glasraí sa mhargadh.

Ceannaíonn sí feoil sa siopa búistéara.

Sa siopa grósaera

Cad ba mhaith leat?

Ba mhaith liom, sé uibheacha, le do thoil.

Aon rud eile, a bhean uasal?

Líotar bainne, le do thoil.

Cé mhéad é sin?

Sin punt caoga.

Sa mhargadh

Dia duit, a bhean uasal. An féidir liom cabhrú leat?

Cilea úll atá uaim, le do thoil.

Aon rud eile, a bhean uasal?

Leathchilea trátaí.

Sin dhá phunt*, le do thoil.

*Dhá (two) changes the "p" sound to "ph". See Pronunciation guide, page 41.

More shopping and going to a café

Here you can find out how to ask how much things cost and how to order things in a café. Numbers are shown on page 40.

New words

cosnaíonn	costs
cé mhéad atá ar?	how much is/are?
cárta poist (m)	postcard
cad a chosnaíonn?*	how much is?
cilea (m)	. . . a kilo
an ceann	. . . each
rós (rósanna) (m)	rose (roses)
tabhair dom	give me
seacht gcinn	seven
cad atá uait?	what do you want?
caife (m)	coffee
an bille (m)	the bill
oráistí	oranges
anann (m)	pineapple
líomóidí	lemons
peitseoga	peaches
líomanáid (f)	lemonade
cóc (m)	coca-cola
tae (m)	tea
le bainne	with milk
le líomóid	with lemon
seacláid the (f)	hot chocolate
gloine (m)	a glass of
uachtar reoite (m)	ice-cream
úlla (m)	apples

Asking how much things cost

Cé mhéad atá ar an gcárta poist seo?

Tríocha pingin.

Cé mhéad atá ar na fíonchaora seo?

Punt ochtó an cilea.

£1.80

Cé mhéad atá ar na rósanna?

Punt fiche an ceann.

£1.20

Tá go maith. Tabhair dom seacht gcinn, le do thoil.

Going to a café

Cad atá uait?

Caife, le do thoil.

Seo duit.

Go raibh maith agat.

An bille, le do thoil.

Sin caoga pingin.

*Word for word, **cad a chosnaíonn?** means "what costs".

Buying fruit

Everything on the fruit stall is marked with its name and price.

Look at the picture, then see if you can answer the questions below it.

Úlla
£1.20 an cilea

Cad atá uait?

Bananaí
£1.50 an cilea

Fíonchaora
£1.80 an cilea

Oráistí
90p an cilea

Anainn*
£3 an cilea

Peitseoga
£1.80 an cilea

Líomóidí
20p an ceann

How do you tell the stallholder you would like four lemons, a kilo of bananas and a pineapple? How much do each of these things cost?

Cad a chosnaíonn £3 an cilea?
Cad a chosnaíonn £1.50 an cilea?
Cad a chosnaíonn £1.20 an cilea?
Cad a chosnaíonn 20p an ceann?

Things to order

Here are some things you might want to order in a café.

Tá . . . uaim?**

líomanáid	cóc	tae le bainne	tae
sú oráiste	seacláid the	gloine bainne	uachtar reoite

*Anainn is the plural form of anann. **See page 34.

The months and seasons

Here you can learn what the seasons and months are called and find out how to say what the date is.

New words

mí (f)	month
bliain (f)	year
cén dáta atá againn?	what is the date?
inniu	today
lá (m)	day
breithlá (m)	birthday
de/d'	of
den	of the

The seasons

an t-Earrach (m)	the spring
an Samhradh (m)	the summer
an Fómhar (m)	the autumn
an Geimhreadh (m)	the winter

The months

Eanáir (m)	January
Feabhra (f)	February
Márta (m)	March
Aibreán (m)	April
Bealtaine (f)	May
Meitheamh (m)	June
Iúil (m)	July
Lúnasa (m)	August
Meán Fómhair	September
Deireadh Fómhair (m)	October
Samhain (f)	November
Nollaig (f)	December

The seasons

an t-Earrach

Feabhra, Márta, Aibreán

an Samhradh

Bealtaine, Meitheamh, Iúil

an Fómhar

Lúnasa, Meán Fómhair, Deireadh Fómhair

an Geimhreadh

Samhain, Nollaig, Eanáir

The first, second, third . . .

an chéad	the first
an dara	the second
an tríú	the third
an ceathrú	the fourth
an cúigiú	the fifth
an séú	the sixth
an seachtú	the seventh
an t-ochtú	the eighth
an naoú	the ninth
an deichiú	the tenth
an t-aonú . . . déag	the eleventh
an dara . . . déag	the twelfth

Eanáir, an chéad mhí* den bhliain.

Feabhra, an dara mí den bhliain.

Nollaig, an dara mí déag den bhliain.

Can you say where the rest of the months come in the year?

***An chéad** changes the "m" sound to "mh". See the Pronunciation guide on page 41.

What is the date?

Inniu an tríú lá de Bhealtaine.

Cén dáta atá againn?

An chéad lá d'Eanáir.

When is your birthday?

Cathain* a bhíonn do bhreithlá agat?

An deichiú lá de Shamhain.

Bíonn breithlá ag mo dheartháir ar an dara lá d'Fheabhra.

Bíonn breithlá ag Seán ar an naoú lá de Mheitheamh.

When are their birthdays?

The dates of the children's birthdays are written below their pictures. Can you say in Irish when they are, e.g. **Tá breithlá ag Máire ar an dara lá d'Aibreán.**

Máire	Pádraig	Síle	Aisling	Séamus	Micheál

2ú d'Aibreán	21ú Meitheamh	18ú Deireadh Fómhair	31ú Lúnasa	3ú Márta	7ú Meán Fómhair

***Cathain** means "when?"; **cén lá** ("what day?") is more specific.

Colours and numbers

On this page you can find out the words for colours. You can also find out more about numbers and how to use them.

The colours

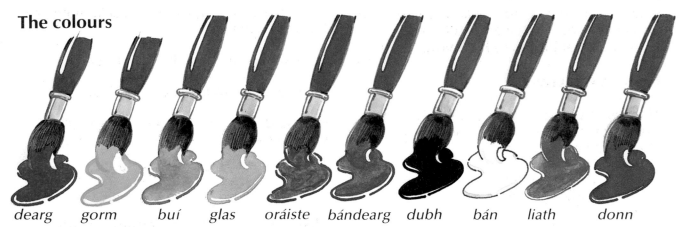

dearg   gorm   buí   glas   oráiste   bándearg   dubh   bán   liath   donn

What colour is it?

Cover the picture above and see if you can say what colour everything is in the painting. You should know all the words you need.*

Numbers**

1 aon	15 cúig . . . déag	29 naoi . . . is fiche	The examples below show you how numbers are used:
2 dhá	16 sé . . . déag	30 tríocha	
3 trí	17 seacht . . . déag	31 aon . . . is triocha	
4 ceithre	18 ocht . . . déag	40 daichead	11p aon phingin déag
5 cúig	19 naoi . . . déag	41 aon . . . is daichead	18p ocht bpingin déag
6 sé	20 fiche	50 caoga	20p fiche pingin
7 seacht	21 aon . . . is fiche	51 aon . . . is caoga	25p cúig phingin is fiche
8 ocht	22 dhá . . . is fiche	60 seasca	30p tríocha pingin
9 naoi	23 trí . . . is fiche	70 seachtó	£23 trí phunt is fiche
10 deich	24 ceithre . . . is fiche	80 ochtó	£39 naoi bpunt is tríocha
11 aon . . . déag	25 cúig . . . is fiche	90 nócha	£56 sé phunt is caoga
12 dhá . . . déag	26 sé . . . is fiche	100 céad	£100 céad punt
13 trí . . . déag	27 seacht . . . is fiche		
14 ceithre . . . déag	28 ocht . . . is fiche		

*"Road" is **bóthar** (m). **Numbers are also explained on pages 12, 26, 38. **Aon, dhá, trí, ceithre, cúig, sé** "aspirate" the next word; **seacht, ocht, naoi, deich** "eclipse" the next word (see page 41). **Is** is short for **agus** (and).

Pronunciation Guide

In Irish many letters are not pronounced in the same way as in English. The best way to learn is to listen to an Irish speaker and copy what you hear, but here are some general points to help you.

How to say vowels

There are five short vowels: **a, o, u, i, e**, and five long vowels: **á, ó, ú, í, é** (the fada or "long" sign makes them long).

These vowels are either "broad" or "slender". The six broad vowels are:

a said like the "o" in "cot": **cat**
o like the "u" in "cut": **do**
u like the "u" in "run": **chun**
á like the "aw" in "law": **slán**
ó like the "o" in "low": **Pól**
ú like the "u" in "rule": **tú**

The four slender vowels are:

i said like the "i" in "hit": **is**
e like the "e" in "let": **le**
í like the "ee" in "see": **níl**
é like the "ay" in "say": **mé**

You can guess the sound of many double vowels, e.g. the vowel sound in **tae** is like in "say"; in **duit** it is like in "quit". However some double and triple vowel sounds need to be learnt:

ái is said like the "aw" in "law", quickly followed by the "i" in "ill": **garáiste**
ia like the "ea" in "near": **thiar**
io like the "o" in "come": **liom**
éa like the "ea" in "bear": **Béarla**
ei like the "e" in "let": **feic**
eo (long) like the "eo" in "yeoman": **fuinneog**
eo (short) like the "o" in "shove": **seo**
aoi like the "ea" in "mean": **daoibh**
uai like the "ue" in "blue", quickly followed by the "i" in "ill": **leathuair**
eoi like the "eo" in "yeoman", quickly followed by the "i" in "ill": **feoil**
iai like the "ee" in "see", quickly followed by the "i" in "ill": **bliain**

How to say consonants

b, d, f, h, l, m, n, p, r, t and **v** are said more or less as in English.

g is always hard like the "g" in "gate".

c is always hard like the "c" in "cat".

s is said as in "said" except before a slender vowel when it is like the "sh" in "shin".

j, k, q, w, x, y and **z** are hardly ever used.

How consonants can change their sound

When a word begins with **b, c, d, f, g, m, p, s** or **t**, this sound can be changed or "aspirated" by an **h**. This gives you an idea of how aspirated consonants sound:

bh is like the "v" in "voice": **bheith**
ch like the "ch" in the Scottish word "loch": **a chara**
dh (before a broad vowel) like the "g" in "gap": **a Dhónaill**
dh (before a slender vowel) like the "y" in "year": **Cad a dheánann tú?**
fh is silent (you don't say it): **3ú lá d'Fheabhra**
gh (before a slender vowel) can sound like the "y" in "yet": **an Ghearmáin**
mh like the "w" in "wall": **a Mháire**
ph like the "f" in "fall": **a Phádraig**
th like the "h" in "ham": **a Thomáis**
sh like the "h" in "ham": **a Shíle**

Some consonants can also be "eclipsed", or silenced, by another consonant placed before them:

p can be eclipsed by **b, t** by **d, c** by **g, f** by **bh, b** by **m**, and finally **d** and **g** can both be eclipsed by **n**, e.g. you say **carr** (car), but **i gcarr** (in the car), and the "c" sound is replaced by a "g" sound.

Grammar

Grammar is like a set of rules about how you put words together and it is different for every language. You will find Irish easier if you learn some of its grammar, but don't worry if you don't understand all of it straight away. Just read a little about it at a time. This is a guide to the grammar used in this book.

Masculine and feminine nouns

In Irish every noun is either masculine (m) or feminine (f). The word you use for "the" is **an** and it tells you whether the noun is (m) or (f) by the way it affects the beginning of the noun:

	Masculine nouns	Feminine nouns
Nouns beginning with a consonant	no change: **bláth** (flower) becomes **an bláth** (the flower)	nouns beginning with "s" add an initial "t": **seilf** (shelf) becomes **an tseilf** (the shelf) other nouns are aspirated:* **fuinneog** (window) becomes **an fhuinneog** (the window)
Nouns beginning with a vowel	an initial "t" is added: **éan** (bird) becomes **an t-éan** (the bird)	no change: **oíche** (night) becomes **an oíche** (the night)

Plural nouns

When you are talking about more than one thing, the word for "the" is **na**:

an bláth   the flower
na bláthanna   the flowers

Here are some of the ways in which Irish nouns form their plurals:

– the final consonant becomes slender**: **an t-éan, na héin** (the bird, the birds). Note that after **na**, nouns beginning with a vowel add an initial "h".

– or the noun adds a vowel: **an seomra, na seomraí** (the room, the rooms); **an fhuinneog, na fuinneoga** (the window, the windows)

– or the nouns adds "anna": **an bláth, na bláthanna** (the flower, the flowers).

Prepositions: "for", "in", "under" . . .

The little words **do** (to, for), **i** (in), **faoi** (under), **ag** (at), **ó** (from), **as** (out of, from), and **de** (of) are all prepositions.

In Irish, these sometimes change the beginning of the next word,*** e.g. you say **carr** (car) but **i gcarr** (in a car); **Gearmáin** (Germany) but **as an nGearmáin** (from Germany).

Do, i, faoi, ó and **de** join with **an** (the) and become **don** (to the), **sa** or **san, faoin, ón** and **den**, e.g. **faoin tolg** (under the sofa).

Prepositions also often join with words like "I", "you", "he" etc., e.g. **do**+**mé**= **dom** (to me), **ag**+**mé**= **agam** (at me), **ó**+**mé**= **uaim** (from me).

Adjectives

English adjectives usually come before the noun, e.g. a friendly dog. In Irish, adjectives come after the noun, so you say "a dog friendly":

madra   a dog
madra cairdiúil   a friendly dog

"My" and "your"

The word for "my" is **mo** and the word for "your" is **do**. Before a vowel, **mo** shortens to **m'** and **do** to **d'**.

Mo and **do** aspirate the word you use them with (if it is a word which aspirates): you say **máthair** (mother), but **mo mháthair** (my mother).*

*This means an "h" is added after the first consonant, and this changes the way you say the word. See page 41. **See How to say vowels, page 41. ***See "eclipsed" consonants, page 41.

Pronouns: "I", "you", "he" . . .

There are two words for "you" in Irish: **tú** is singular (you use it when you are talking to one person) and **sibh** is plural (used for more than one person). "I" is **mé** ,

"he" and "she" are **sé** and **sí**, "we" is **sinn**, and "they" is **siad** . To say "it", you use **sé** (he) or **sí** (she). (This is explained on page 18.)

Verbs

In Irish, the stem or basic part of the verb changes according to who is doing the action.

Mé (I) and **sinn** (we) become part of the verb. The other pronouns come after the verb.

The verb **déan** shows you the pattern followed by many verbs:

déan	make/do
déanaim	I make/do
déanann tú	you make/do
déanann sé/sí	he/she/it makes/does
déanaimid	we make/do
déanann sibh	you make/do (pl)
déanann siad	they make/do

Some Irish verbs follow a different pattern, e.g. **cosnaigh** (cost) and **éirigh** (get up) follow the pattern of **ceannaigh** (buy) shown below:

ceannaigh	buy
ceannaím	I buy
ceannaíonn tú	you buy
ceanaíonn sé/sí	he/she/it buys
ceannaímid	we buy
ceannaíonn sibh	you buy (pl)
ceannaíonn siad	they buy

The stem of the verb is used to give a command or tell someone what to do, e.g. **tóg** (take): **Tóg an chéad chasadh** (take the first turning).

Negative verbs: "I don't . . ."

Ní before a verb makes it negative. If the verb begins with one of the following consonants: b, c, d, f, g, m, p, s, t, **ní** aspirates it (see page 41):

ní dhéanaim   I don't make

ní cheannaím   I don't buy

Questions: "Do you . . .?"

An before a verb makes a question. If the verb begins with b, c, d, f, g, p, t, **an** eclipses it (see page 41):

an ndéanann tú?   do you make?

an gceannaíonn tú?   do you buy?

Irregular verbs

Some verbs follow their own patterns. The most important is **bí** (be: I am, you are, he is, etc.), given in full on page 11.

There is a special form of **bí** (**bím, bíonn tú** etc.) which is used when talking about something you do regularly. This is explained on page 24. The question form of **bí** is shown on page 13, and here is its negative form:

nílim	I am not
níl tú	you are not
níl sé/sí	he/she/it is not
nílimid	we are not
níl sibh	you are not (pl)
níl siad	they are not

In Irish, there is a special verb meaning "is" or "are": **is**. It is often used instead of **tá** ("is" or "are" from the verb **bí**) when you are saying what something is (see page 15):

is bláth é it is a flower

You also find it in many everyday expressions, e.g. **is maith liom** (I like). Other useful forms are:

an maith leat   do you like?

ní maith liom   I do not like

ar mhaith leat   would you like?

ba mhaith liom   I would like

níor mhaith liom   I would not like

Answers to puzzles

p.7

What are they called?

Pól is ainm dó.
Síle is ainm dom.
Pádraig agus Peadar is ainm dóibh.
. . . is ainm dom.

Who is who?

Dónall is talking to Seán.
Áine is talking to Síle.
Dónall is next to the seal.
Seán.
Áine is in the bottom left-hand corner.
An madra.

p.9

Can you remember?

Bláth, cat, crann, nead, éan, teach, grian,
fuinneog, carr, madra.

p.11

Who comes from where?

Franz comes from Austria.
They are called Hari and Indira.
Lolita is Spanish.
Yes, Angus comes from Scotland.
Marie and Pierre come from France.
Yuri lives in Budapest.
Budapest is in Hungary.

p.13

How old are they?

Mícheál is 13. Diana and Silvia are 15.
Tomás is 12. Seán is 9. Úna is 5. Rosa is 11.

How many brothers and sisters?

A = Diana agus Silvia. B = Seán. C = Mícheál.
D = Tomás. E = Rosa.

p.17

Where is everyone?

Tá Mamó sa seomra suite.
Tá Seán sa chistin.
Tá Pól sa seomra folctha.
Tá Mam sa seomra leapa.

Sa seomra suite.
I seomra Shíle.
Sa seomra bia.
Sa seomra folctha.
Sa halla.

p.19

Where are they hiding?

Tá an hamstar sa bhláthchuach.
Tá an piscín taobh thiar den teilifís.
Tá an coileán sa chófra.
Tá an phearaicít ar an seilf.
Tá an nathair taobh thiar den tolg.
Tá an toirtís taobh leis an teileafón.

p.21

Who likes what?

1. Séamus.
2. Seán.
3. Daideo.

p.23

Who is saying what?

"Tá ocras orm."
"Bain taitneamh as do bhéile!"
"Tarraing ort."
"Tabhair gloine dom, le do thoil."
"Ar mhaith leat tuilleadh sceallóg?"
"Ba mhaith liom, go raibh maith agat. Is maith liom sceallóga."
"Níor mhaith liom, go raibh maith agat. Tá go leor agam."
"Tá sé go hálainn!"

44

p.25

What are they doing?

A Bíonn sé ag cócaireacht. B Bíonn sé ag snámh. C Bíonn siad ag rince. D Bíonn sí ag seinnt. E Bíonn sé ag péintéireacht.

p.27

Seán's day

1b, 2e, 3f, 4a, 5h, 6g, 7d, 8c.

What time is it?

a   A cúig tar éis a trí.
b   A cúig tar éis a haondéag.
c   A deich chun a naoi.
d   A ceathrú chun a ceathair.
e   A fiche cúig tar éis a trí.
f   A leathuair tar éis a seacht.
g   A trí a chlog.
h   A ceathair a chlog.
i   A naoi a chlog.
j   A leathuair tar éis a haon.
k   A cúig tar éis a seacht.
l   A leathuair tar éis a deich.
m   A sé a chlog.
n   A fiche cúig chun a ceathair.
o   A deich chun a dó.

p.29

Your diary for the week

Téim ag rince le Séamus.
Dé Luain, Dé Céadaoin agus Dé Domhnaigh.
Dé Céadaoin.
Ní bhím.
Bím ag imirt leadóige.
Bím ag imirt peile agus téim go dtí cóisir.

p.33

Finding your way around

Conas is féidir liom dul go dtí cearnóg an mhargaidh?
An bhfuil caife in aice linn?

An bhfuil sé i bhfad uainn?
Tóg an tríú casadh ar chlé agus lean díreach ar aghaidh.
Tóg an tríú casadh ar dheis. Lean ar aghaidh agus tá sé ar chlé.
Go dtí an caife.

p.37

Buying fruit

Tá ceithre líomóidí, cilea bananaí agus anann uaim.
Ochtó pingin. Punt caoga an cilea. Trí phunt an cilea.
Anainn.
Bananaí.
Úlla.
Líomóidí.

p.39

When are their birthdays?

Tá breithlá ag Máire ar an dara lá d'Aibreán.
Tá breithlá ag Pádraig ar an aonú lá is fiche de Mheitheamh.
Tá breithlá ag Síle ar an ochtú lá déag de Dheireadh Fómhair.
Tá breithlá ag Aisling ar an aonú lá is tríocha de Lúnasa.
Tá breithlá ag Séamus ar an tríú lá de Mhárta.
Tá breithlá ag Mícheál ar an seachtú lá de Mheán Fómhair.

p.40

What colour is it?

Tá an bóthar liath.
Tá an ghrian buí.
Tá an díon oráiste.
Tá an spéir gorm.
Tá na bláthanna bándearg.
Tá an madra donn.
Tá an t-éan dubh.
Tá an carr dearg.
Tá na crainn glas.
Tá an teach bán.

Glossary

Each noun is followed by (m) or (f) to show if it is masculine or feminine. Irish verb stems are made clear by the (v) which follows the English translation. Some words have a page number to show where you can find out more about them. If you cannot find a word, remember it may have changed its beginning (see aspiration and eclipsis of consonants on page 41).

a	his (also see p.4)
abair	say (v)
ach	but
ag	at (p.13)
agus	and
ainm (m)	name
aintin (f)	aunt
álainn	beautiful
Albain (f)	Scotland
am (m)	time
an	the (s)
anann (m) (plural: anainn)	pineapple
annis	miserable
anocht	tonight
anseo	here
ansin	there, then
aois (f)	age
ar	on
ar?	(question word, see p.23)
ar aghaidh	forward, ahead
ar bith	any
ar chlé	on the left
ar dheis	on the right
ár	our
arán (m)	bread
ard	tall, high
as	out of
athair (m)	father
baile (m)	town
bain	take from (v)
bainne (m)	milk
bán	white
banana (m) (plural: bananaí)	banana
banc (m)	bank
bándearg	pink
beag	small
beagán (m)	a little
beagnach	almost
bean (f)	woman
Béarla (m)	English language
béile (m)	meal
bheith	being
bhur	your (pl)
bí	be (v)
bia (m)	food
bille (m)	bill
bláth (m)	flower
bliain (f) (plural: bliana)	year
bord (m)	table
bóthar	road
brat urlaír (m)	carpet
breá	fine
breithlá (m)	birthday
bricfeasta (m)	breakfast
brú (m)	youth hostel
buí	yellow
búistéir (m)	butcher
cá?	where?
cáca (m) (plural: cácaí)	cake
cad?	what?
caife (m)	café, coffee
cairdiuil	friendly
cáis (f)	cheese
caisleán (m)	castle
caitheamh aimsire (m)	pastime, hobby
cara (m)	friend
carr (m)	car
cárta poist (m)	postcard
cas	turn (v)
casadh (m)	a turn
cat (m)	cat
cathain?	when?
cathair (f)	city
cathaoir uilleach (f)	armchair
cé?	who?
cé mhéad?	how much?
ceannaigh	buy (v)
cearnóg (f)	square
ceart	right
ceart go leor	satisfactory
cén?	what?
ceol (m)	music
chomh	as
chomh fada	as far, as long
chun	to, towards
cilea (m)	kilo
cinnte	certainly
cistin (f)	kitchen
clog (m)	clock
cniotáil	knitting
cóc (m)	coca-cola
cócaireacht (f)	cooking
cógaslann (f)	chemist's
coláiste (m)	college
coileán (m)	puppy
cois	beside
cóisir (f)	party
comhair, os	opposite, in front of
cónaí	dwelling, home
conas?	how?
cor ar bith	at all
cosnaigh	cost (v)
crann (m)	tree
cuíosach	fairly well
cuirtín (m)	a curtain
dáta (m)	date
de/d'	of

déan	do, make (v)
déanamh	doing, making
deireadh (m)	end
díon (m)	roof
díreach	straight
do	your (p.15), to (p.6)
donn	brown
doras (m)	door
dubh	black
duine (m)	person, one person
dul	going
é	he, it
eaglais (f)	church
éan (m)	bird
Earrach (m)	spring
éigin	some
eile	other
éirí, ag	getting up
éirigh	get up (v)
Éire (m)	Ireland
Éirinn, as	out of/from Ireland
éisteacht, ag	listening
fáil	finding, getting
fáilte (f)	welcome
faoi/faoin	under/under the
farraige (f)	sea
féach	look (v)
féachaint	looking
fearr, is	prefer
féidir	possible
féin	self
feoil (f)	meat
fheabhas, ar	excellent, very well
fíonchaora (f)	grapes
fionn	blond
fóill, go	for a while
folchta	bathing
Frainc (f)	France
fuinneog (f)	window
gabh	take, accept (v)
Gaeilge (f)	Irish language
garáiste (m)	garage
Geimhreadh (m)	winter
Gearmáin (f)	Germany
Germáinis (f)	German language
glasraí (m)	vegetables
gloine (m)	glass
go hainnis	miserable, terrible
go hálainn	beautiful
go dtí	to (a place)
gorm	blue
grian (f)	sun
halla an bhaile (m)	town hall
hamburgar (m)	hamburger
hamstar (m)	hamster
i	in
í	she, her

iad	they, them
iasc (m)	fish
i bhfad	far
idir	between
imirt, ag	playing (games)
in	in the
ina	in his/her/their (p.15)
inniu	today
íseal	low
ispín (m) (plural: ispíní)	sausage
istoíche	at night
ithe, ag	eating
lá (m)	day
labhair	speak (v)
le	with (p.21)
leaba (f)	bed
leadóg (f)	tennis
léamh, ag	reading
lean	continue (v)
leathchilea (m)	half-kilo
leathuair (f)	half-hour
léigh	read (v)
léir, go	all
leithscéal (m)	excuse
leor, go	enough
liath	grey
linn (f)	pool
linn snámha (m)	swimming-pool
líomanáid (f)	lemonade
líomóid (f) (plural: líomóidí)	lemon
líotar (m)	litre
lón (m)	lunch
lorg, ag	searching, looking for
madra (m)	dog
maidin (f)	morning
maith	good
margadh (m)	market
máthair (f)	mother
mé	I, me
meán lae (m)	midday
meán oíche (f)	midnight
measc, i	among
mí (f)	month
mise	I, me, myself
na	the (pl)
ná	nor
nathair (f)	snake
nead (m)	nest
ní	(makes verb negative, p.43)
ní/níl	is not
nó	or
nóiméad (m)	moment
ó	from (p.30)
ocras (m)	hunger
óg	young
oíche (f)	night
oifig an phoist (f)	post office
oifig fáilte (f)	tourist office

ollmhargadh (m)	supermarket
ón	from the
oraibh	on you (pl)
oráiste (m) (plural: oráistí)	orange
ormsa	on me, myself
os comhair	opposite, in front of
Ostair (f)	Austria
óstán (m)	hotel
pearaicít (f)	budgie
peil (f)	football
péintéireacht, ag	painting
peitseog (f) (plural: peitseoga)	peach
pianó (m)	piano
pictiúrlann (f)	cinema
píóg (f)	pizza
piscín (m)	kitten
planda (m) (plural: plandaí)	plant
ráille (m)	rail, fence
ramhar	fat
rince, ag	dancing
rís (f)	rice
rollóg aráin (f)	bread roll
romhat	before you
rós (m) (plural: rósanna)	rose
rud (m)	thing
sa	in the
sailéad (m)	salad
Samhradh (m)	summer
Sasana (f)	England
sceallóga	potato chips
scoil (f)	school
seacláid (f)	chocolate
sean	old
seilf (f)	shelf
seinn	play (music) (v)
seisean	he
seo	this
seomra (m)	room
seomra bia (m)	dining-room
seomra folctha (m)	bathroom
seomra suite (m)	sitting-room
sí	she, her
siad	they, them
sibh	you (pl)
simléar (m)	chimney
sin	that
sinn	we, us
siopa	shop
siopa báicéara (m)	baker's
siopa búistéara (m)	butcher's
siopa grósaera (m)	grocer's
siopadóireacht, ag	shopping
sise	herself
siúil	walk (v)

siúl, ag	walking
slán	go safely/goodbye
snámh, ag	swimming
spaigití	spaghetti
Spáinn (f)	Spain
Spáinnis (f)	Spanish
spórt (m)	sport
staighre (m)	stairs
stéig (f)	steak
sráid (f)	street
suigh	sit (v)
suipéar (m)	supper
tá	is, are
tae (m)	tea
taibhse (f)	ghost
taitneamh (m)	pleasure
tanaí	thin
taobh leis	beside
taobh thiar	behind
tar	come (v)
tar éis	after
tarraing	draw, pull
te	hot
teach	house
teacht, ag	coming
teaghlach (m)	household, family
téigh	go (v)
teileafón (m)	telephone
teilifís (f)	television
thar	over, beyond
thuas	above
timpeall	about, around
tóg	take (v)
toirtín (m)	tart
tolg (m)	sofa
torthaí (m)	fruit
tráta (m) (plural: trátaí)	tomato
trua (f)	pity
tú	you
tuath, faoin	in the country
tuilleadh	more, extra
tusa	yourself
uachtar reoite (m)	ice-cream
uibheacha	eggs
uirlis (f)	instrument
uisce (m)	water
úll (m) (plural: úlla)	apple
um	at
um thráthnóna	in the afternoon/evening
uncail (m)	uncle
Ungáir (f)	Hungary
urlár (m)	floor
vardrús (m)	wardrobe
veidhlín (f)	violin

SAINT BENEDICT SCHOOL
DUFFIELD ROAD
DERBY DE22 1JD

First published in 1989 by Usborne Publishing Ltd.
Usborne House, 83-85 Saffron Hill
London EC1N 8RT, England.

Copyright © 1989 Usborne Publishing Ltd.

Printed in Great Britain.

IRISH FOR BEGINNERS

Angela Wilkes

Illustrated by John Snackell

Designed by Roger Priddy
Edited by Nicole Irving
Language Consultants: Séamus O Cróinín & Michael Smith

CONTENTS

About this book

Being in Ireland is much more fun if you can speak a little of the language. This book shows you that learning another language is a lot easier than you might think. It teaches you the Irish you will find useful in everyday situations.

You can find out how to . . .

talk about yourself,

and your home,

count and tell the time,

say what you like,

find your way around,

and ask for what you want in shops.

How you learn

Dia duit!

Dia is Muire duit!

Sin é Pól.

Picture strips like this show you what to say in each situation. Read the speech bubbles and see how much you can understand by yourself, then look up any words you do not know. Words and phrases are repeated again and again, to help you remember them.

The book starts with really easy things to say and gets more difficult towards the end.